www.ingramcontent.com/pod-product-compliance
Ingram Content Group UK Ltd.
Pitfield, Milton Keynes, MK11 3LW, UK
UKHW062311290726
14090UKWH00018B/1014

9 781967 633043

نغمه‌هایی
Melodies
برای تحمل جهان
for Enduring the World

Poems by Mohsen Hosseinkhani
Translation by Tahereh Forsat Safai

Blue Cactus Press | caləłali

ʔukʼʷədiid čəɬ ʔuhigʷəd txʷəl tiiɬ ʔa čəɬ ʔal tə swatxʷixʷtxʷəd ʔə tiiɬ puyaləpabš. ʔa ti dxʷʔa ti swatxʷixʷtxʷəd ʔə tiiɬ puyaləpabš ʔəsɬaɬaƛ̕lil tulʼal tudiʔ tuhaʔkʷ. didiʔɬ ʔa həlgʷəʔ ʔal ti sləx̌il. dxʷəsɬaƛ̕lils həlgʷəʔ gʷəl ƛ̕uyayus həlgʷəʔ gʷəl ƛ̕uƛ̕ax̌ʷad həlgʷəʔ tiiɬ bədədəʔs gʷəl tix̌dxʷ həlgʷəʔ tiiɬ ʔiišəds həlgʷəʔ gʷəl ƛ̕uʔalalus həlgʷəʔ gʷəl ƛ̕utxʷəlšucidəb. x̌ʷəla···b ʔə tiiɬ tuyəlʼyəlabs.

Blue Cactus Press is located in caləɬali, on puyaləpabš land. This land was stolen and colonized by settlers via the signing of the Treaty of Medicine Creek in 1854. Since then, it has not been returned to its rightful and traditional stewards, puyaləpabš, also known as the Puyallup Tribe of Indians. We acknowledge that we benefit from our existence at caləɬali. We are thankful to live, work, and be in relationship with the land and people here.

Dedicated to Hana and Sanam

١ هرچه این تاریخ را شکنجه می‌دهم
1 نم پس نمی‌دهد

در تن آن سیاه
چند مهره‌ی شکسته‌ی پدرش درد می‌کشد
در سینه‌ی این سرخ
چند گلوله
نام قبیله‌اش را کشته؟

گلوی نیشابور
هنوز در چنگ‌های چنگیز است
و ما هنوز
از آن آسیاب
که با رود خون می‌چرخد
نان می‌خوریم

نم پس نمی‌دهد تاریخ
درس پس نمی‌دهم من

دست می‌کشم به آبی رگ‌هایم
حس می‌کنم
جریان قرن‌ها را
در زیر پوست

هر قرن که افتاده در جوی‌ها
افتاده کنار درخت‌های خیابان
افتاده در پستوی خرابه‌ها

هر قرن
که سرنگی ست آلوده
و هر بار
سوزنش را در خماری ما فرومی‌کند

However I torture this history,
It does not yield.

In the body of that black,
How many broken ribs of his father are suffering?
In the chest of this red,
How many bullets
Have killed the name of his tribe?

The throat of Nishapur
Is still in the claws of Genghis,
And we still
Eat bread
From that mill
That turns with the river of blood.

History does not yield,
I do not teach it a lesson.

I stretch my hand to the blue veins,
I feel
The flow of centuries
Under my skin.

Every century that has fallen in the ditches,
Fallen beside the trees of the street,
Fallen in the recesses of ruins.

Every century
Is a tainted syringe,
And each time
It plunges its needle into our languor.

۲ شاعری که می‌میرد
2 کلماتش زنده می‌شوند
و به مرگش اقرار می‌کنند
روزی اگر
رودخانه‌ای به دیدارت آمد
با او شفاف حرف بزن
با آتش گرم
با کوه بلند
با پنجره بی‌پرده
با مرگ از زندگی بگو
انسان تنهاست
انسان با سایه‌اش تنهاست
و شب
تمام سایه‌ها را گرد می‌آورد
و به احترام تنهایی انسان
سکوت می‌کند
با شب
حرف‌هایی عمیق و طولانی دارم
حرف‌هایی
که تا هوا را روشن نکنند
ادامه خواهند داشت
می‌گویی
برایم شعری بگو تا زنده بمانم
می‌گویم
مگر به کشتنم بیایی

When a poet dies
His words come to life
And confess to his death
If one day
A river
Comes to visit you
Talk to him clearly
With fire warmly
With a mountain highly
With a window frankly
Talk to death about life
Human is alone
Human is alone with his shadow
And night
Collects all shadows
And to show respect to human loneliness
Get silent
Tonight
I have some long and deep talk
Which may last until
They make the air clear
You ask me to tell you a poem
To stay alive
I will only tell you
If you come to kill me

۳ راه رفتن بر زندگی
3 راه رفتن بر دریاچه‌ای یخ‌زده است

زخم‌ها می‌افزایند ضخامت اندوه را
تا سوی مرگ
آسوده‌تر گام برداری

شاید آن قسمت از زندگی نازک‌تر باشد
آنجا که عاشق می‌شوی
آنجا که خنده‌ی دخترت
در چشمانت برق می‌زند

گاهی لازم است
ناگهان زیر پایمان خالی شود
دلمان بلرزد
شاید مرگ
برای لحظه‌ای به تأخیر افتد

Walking over life
Is like walking on a frozen lake
Wounds thicken our sorrow.
To walk toward death more peacefully
Maybe that part of life is thinner
Where you fall in love
Where your daughter's laughter
Brightens in your eyes
Sometimes it is necessary
Our heart melts
Maybe death
Could delay for a moment

۴ کوه برای افسانه‌سرایی
4 جای خطرناکی ست
با محمد بالا می‌رویم
با سیزوف پایین
و می‌خوابیم با اصحاب کهف
بیدار که می‌شویم
سی و صد و نه سال به عقب رفته‌ایم
من را
به نخستین غارم بازگردانید
من که انسانم
و می‌توانم
بندها را گره بزنم
و می‌دانم
نخستین سقوط
پس از زهدان مادرمان است

The mountain to tell epics
Is a dangerous spot
Along with Mohammad
We go up
With Sisyphus go down
And sleep with Capacious of the cave
When we wake up
We have gone back for three hundred and thirty-nine years
Take me to my first cave
As I am a human
I can tie the ropes
And I know
My first fall is into
Our mothers
Womb

جنگ یعنی ۵
گل های دامنی که با اسلحه درو می شوند 5
جیغ پیراهنی که به زور از تن کنده می شود
جا ماندن گلوله ای مو در در دست های یک مشت سرباز
جنگ یعنی
مادری که بچه اش بوی دشمن می دهد
در جنگ
مرد ها یک بار کشته می شوند
زن ها هزار بار

War means
The flower of a women’s skirt being scythed by a gun
The scream of a dress taken off by force
War means
A handful of hair leaving in a soldier’s fist
War means a mother whose child smells of the enemy
In war
Men are killed once
Women a thousand times

۶ آن آدمک چوبی
6 در قصه‌ای جان میگیرد
پیرمردی
بیرون می‌آید از تنهایی
آن اسب چوبی
در قصه‌ای دیگر
نقشه‌ی بزرگ پیروزی ست
در نبردی سخت
چه قصه‌ای باید ساخت
برای این بلبل چوبی
که نشسته بر شاخه‌ی اتاق
و تنه‌ی خانه را زیبا کرده است
جان اگر بگیرد روزی
چه گلی بر سر باغ خواهد زد
کدام درخت را از تنهایی در خواهد آورد
آواز اگر سر دهد
کدام گوشه از کدام شاخه را
به گریه خواهد انداخت
بیا طوری دیگر این قصه را بخوانیم
شاید این بار
درختی که رویای پرواز را
شاخ و برگ داد
برای تبر نقشه کشیده است

That wooden puppet
Comes to life in a tale
An old man
Emerges from solitude
That wooden horse
In another story
Is the grand scheme of victory
In a fierce battle

What story should we create
For this wooden nightingale
Perched on the branch of the room,
Beautifying the trunk of the house?

If it gains life one day,
What flower will it crown the garden with?
Which tree
Will it rescue from loneliness?

If it sings,
Which corner
Of which branch
Will it bring to tears?

Come, let's read this story
In another way

Perhaps this time,
The tree that dreamed of flight
Has plotted against the axe.

۷
7

به این سیاره تبعید شده ایم
کم کم
زمان را باور کردیم
ساعت ها
هرروز ما را به سر کار می برند
هر شب می خوابانند
و هر سال پیر می کنند
و ما هنوز که هنوز است
سرگردان در آسمان
به دنبال ستاره ی خود می گردیم

We have been exiled to this planet
Slowly we learn to
Believe in its hours
Clocks take us to work every day
Put us to sleep every night
Make us old every year
And yet
We are wandering in the sky
Looking for our star

۸
8

می خواهم شمع ها را فوت کنم
تا همه جا تاریک شود
مهمان ها برایم دست بزنند
با من عکس بیاندازند
بعد نوبت کیک است
کاش می شد این کیک را
با خامه های شیرینش
برای تعارف به زندگی تلخم کنار بگذارم
اما نمی شود
مهمان ها نمی گذارند
آنها حتی
به یک قاچ کوچک از آن هم رحم نمی کنند
آنها سال بعد هم
همین موقع می آیند
تا کیک بخورند
و تاریک تر شدنم را
جشن بگیرند

Until they go dark
The guests are clapping for me
Taking pictures with me
Then the cake is sliced
I wish I could take the cake
With all its sweet cream
And offer it up to my bitter life
But it's impossible
The guests don't let me
They don't spare even a small piece
They will come next year
At the same time
To eat cake and celebrate
My darkness some more

۹ زن ظرف‌ها را می‌شوید
9 و زندانی می‌شود در دایره‌ی بشقاب‌ها
غرق می‌شود در دایره‌ی سینک
و می‌سوزد در دایره‌ی کبود زیر چشمش
او دیگر حقی ندارد
امروز
در دایره‌ای دیگر گرفتندش
و به مشت‌های شوهرش دادند

The woman washes the dishes
And becomes trapped in a circle of plates,
Drowning in the circle of the sink,
And burning in the circle of the bruise under her eyes.
She has no rights anymore.
Today,
She was taken in another circle
And handed over to her husband's fists.

از پیله ای
به پیله ای
از ملحفه ای
به ملحفه ای
می پیچد دوباره
عنکبوت پروانه را
مرگ انسان را

From cocoon to cocoon
Like a sheet
Being twisted
A spider twists a butterfly
And I call that
The death of man

۱۱ موج برای لحظه‌ای ساحل را در آغوش می‌گیرد
11 برمی‌گردد
دوباره در آغوش می‌گیرد
برمی‌گردد
دوباره در آغوش می‌گیرد
برمی‌گردد

شاید این تنها صحنه ی تکراری باشد
که هیچکس از دیدنش خسته نمی شود

The wave hugs the coast for a moment
Returns
Hugs again
Returns
Hugs again
Returns

This is the only repeating scene
That nobody gets tired of

۱۲ ساعت ها برای نابودی به وجود آمده اند
12 در هر ثانیه
جنگلی به اندازه ی یک زمین فوتبال آتش می گیرد
در هر دقیقه صدها کودک که فوتبال را دوست دارند
در آفریقا بر اثر گرسنگی می میرند
و در هر ساعت
جمعیتی به اندازه ی یک استادیوم
به خاطر جنگ بی خانمان می شوند

ساعت ها برای نابودی به وجود آمده اند
و ما هنوز به آنها نگاه می کنیم
و به قرارهایمان فکر می کنیم

Clocks are made to destroy
Every second
A jungle
The size of a football field
Burns
Every minute
Hundreds of children
Who love football
Starve to death
Every hour
A crowd the size of a stadium
Become homeless
Because of the war

Clocks count our destruction
Yet we still look at them
And think of our dates

۱۳ در مهمانی
13 همه با شور از معشوق های خود می گفتند
و ما تنها با سکوت به هم نگاه می کردیم
سکوت ما
همان اسکناس بود
در هیاهوی سکه های یک قلک

At the party
Everyone was talking about their love with passion
We were looking at each other in silence
Our quiet like a banknote in a piggybank

۱۴
14

کارگری
از داربست
پایین می افتد
خبر مرگ آن در هیچ روزنامه ای چاپ نمی شود
فردا
کارگرهای دیگر بر صفحه حوادث روزنامه
غذا می خورند

A worker falls down from scaffolding
The news of his death
Isn't published in any newspaper
Tomorrow
The other workers eat their meals
From the pages of a newspaper

۱۵ چطور می شود به غم و تنهایی فکر نکرد و زنده ماند
15 تو این چیزها را بهتر می‌فهمی
می فهمی که وقتی نگاهت می کنم
شعر می‌نویسم

روبه‌رویت ایستاده‌ام
موهایت را به سمت چپ شانه می‌کنی
و قلب من تندتر می‌زند
یادم باشد در خیابان روسری‌ات را بردارم
تا باد
سمت خانه‌های دلتنگ‌تر بوزد

How can one not think of sorrow and loneliness and still live?
You understand these things better,
You understand that when I look at you,
I write poetry.

I stand before you,
You brush your hair to the left,
And my heart beats faster.
Let me remember to remove your headscarf in the street,
So that the wind
May blow towards more homesick houses.

قوطی‌ای خالیست
کشیده می‌شود بر آسفالت سرد
جسمی که روحش
مچاله‌اش کرده

بارها از خود پرسیده‌ام
این ریسمان را روزی مرگ پاره خواهد کرد
یا دوباره گره خواهیم خورد به ریسمانی دیگر

در صف مردگان ایستاده بودم
که بیرونم کشیدی
چنان دستی که بیرون می‌کشد
سیل زده‌ای را
از تیرگی آب

بعد از تو
دیگر زندگی هراسی نداشت
و با صدای شکستن هر استخوانم
معنای لحظه روشن‌تر شد

زندگی
ما را
بارها تا لب پرتگاه می‌کشاند
اما تو هر بار
لبی را به یاد بیاور
که با بوسه ای پشیمانت کرد

An empty can,
Dragged across cold asphalt,
A body whose spirit
Has crumpled it.

Many times I've asked myself,
Will death sever this thread one day,
Or will we be tied again to another string?

I stood in the line of the dead,
Until you pulled me out,
Like a hand pulling out
A flood victim
From the murky water.

After you,
Life held no fear,
And with the sound of each bone breaking,
The meaning of the moment became clearer.

Life
Often pulls us
To the brink of the precipice,
But each time, you
Recall a lip
That with a kiss, made you regret leaving.

تو در مسیر زندگی‌ام قرار گرفتی ۱۷
و من تنها می‌توانستم جلوی قلبم را نگیرم 17
و بی هیچ ملاحظه‌ای دوستت داشته باشم
هیچ ماهی‌ای نمی‌تواند با باله‌هایش
جریان رودخانه را تغییر دهد
تو را دوست دارم و این خلاف جریان زندگیست

از ما چیزی نخواهد ماند
اما شاید آنان که معشوق خود را بیشتر بوسیده‌اند
از خاکشان
گل‌های بیشتری بروید
باد، وقت وزیدن از کنارشان
مشتی به تبرک بردارد
تا پر کند
حجم خالی تنهایی را

You appeared on the path of my life,
And I could only stop my heart
And love you without reservation.
No fish can change
The river's current with its fins.
I love you, and this is against the current of life.

Nothing of us will remain,
But perhaps those who kissed their beloved more
Will have more flowers grow
From their soil,
The wind, when it blows past them,
Will take a handful as a blessing
To fill
The empty volume of loneliness.

۱۸ می گویی مرا به خاطر قلب بزرگم دوست داری
18 مثل ماده گوزنی که جفتش را
به خاطر شاخ‌های ستبرش

پس نگذار به خاطر آورم
آدم‌هایی را که سرشان به سنگ
و گوزن‌هایی را که سرشان به دیوار می‌خورد

You say you love me for my big heart,
Like a doe who loves her mate
For his strong antlers.

Then don't let me remember
People whose heads hit stones,
And deer whose heads hit walls.

۱۹ در داستان‌ها
19 جزیره‌های دورافتاده برای گم شدن آفریده می‌شوند
این داستان نیست:
آب از دو طرف سرزمینِ مرا پوشانده
از چهار طرف اما غم مَوج می‌زند
بارها دست تکان داده‌ایم
برای کشتی‌ها
هواپیماها
و به ناچار
پناه برده‌ایم به قایق‌های سوراخ بادی
سال‌هاست منتظر بطری نامه‌ها می‌نشینیم
و برای کودکان‌مان
قصه‌ی پری‌ای آسمانی را تعریف می‌کنیم
ما مردمان دور افتاده‌ای هستیم
شناور در اندوه وطنی گمشده

In stories,
Remote islands are created for being lost.
This is not a tale:
Water has covered my land from both sides,
But sorrow surges from four corners.
We have waved our hands
For ships,
For planes,
And inevitably,
We have taken refuge
In inflatable rafts.
We have been waiting for years
For bottled letters,
And we tell our children
The tale of a heavenly fairy.
We are distant people,
Adrift in the sorrow of a lost homeland.

۲۰ حمله ای هوایی
20 خون نوزادی را در دهانم می ریزد
و من هرچه تف می کنم جنگ را
بی فایده است

An airstrike
Spills the blood of an infant in my mouth
And I
No matter how much I spit out the war
Know it is futile

درختی که روی نوار مرزی روییده وطن ندارد؟
و پرندگانی که بدون پاسپورت
از سرزمینی به سرزمینی دیگر
سفر می کنند
مهاجران قاچاق هستند؟

زمین
روزی زنی زیبا بود
برایش نقشه ها کشیدیم
موهایش را
با سیم خاردار به هم سنجاق کردیم
پیراهنش را مانند دلقک ها رنگ زدیم
و روی دامن آبی اش
آتش ها سوزاندیم
بعد از آزادی سخن گفتیم
از آزادی می گوییم
و کودکی مهاجر
در سواحل یونان غرق می شود
از آزادی می گوییم
و خبر مرگ برادری در
ایران
به خواهرش در افغانستان می رسد
از آزادی می گوییم
پرنده ها
از سرزمینی
به سرزمینی دیگر مهاجرت می کنند
و روزی باد
درختی که روی نوار مرزی روییده را
در وطنش می خواباند

Does a tree grown on the border strip have a country?
Are birds travelling from one land to another without a passport
Smuggled migrants?

The earth was a beautiful woman
We drew plans for her
Pinned her hair up with a barbed wire
Painted her clothes like a clown's
And on her blue skirt we burned fires
We talked about freedom then
And we are still talking about it now
A migrant child drowns off the coast of Greece
We talk about freedom
And the news of a man's death in Iran
Reaches his sister in Afghanistan
We talk about freedom

Birds are immigrating
From one country to another
And one day
The tree that grows on the border strip
Will be put to sleep
By the wind

کدام خاطره ی زیبا
به اندازه ی رفتن عزیزی در ما بجا می ماند
کدام جویبار آخرین اشک مادر را از خاطرمان خواهد برد

زمان
اجساد را برهم تلنبار می کند
و ما
به کندی می گذریم
مرا طولانی تر ببوس
و لحظاتی زهر این همه مرگ را با لبانت بگیر
که عشق برای آسودن نیست
برای ادامه دادن است
و من تنها
در بوسه های تو
حقیقت رنج را چشیده ام

اگر در مرگ بازگشتی نباشد
باید به زندگی بازگشت
چنان گورکنی که هرشب
خاک گورستان را از لباس هایش می تکاند
و به امید دیدار عزیزش
به خانه بازمی گردد

A beautiful memory
Remains inside us
When our loved ones leave
Which stream will take away
The final tears of our mothers
From our memories?
Time piles up corpses
And we pass slowly on

Kiss me longer
Than a moment
Take the poison of all this death
From my lips
This love isn't for comfort
It is so I can go on
I have tasted the truth of suffering
In your kisses

If we can't return from death
We must return to life
The way a grave digger shakes the soil of the graveyard
From his clothes every night
Hoping to meet his beloved
And returns home

۲۳ خواستم بی آنکه کسی بفهمد
23 یادت را در دل پنهان کنم
نمی دانستم قبرهای بدون سنگ
مساحت بیشتری را غمگین می کند

I wanted to hide your memory
In my heart
Without letting anybody know

I didn't know that graves without markers
Break the heart

منتظر کسی نباش ۲۴
که تو را از تنهایی در آورد 24
آدم ها شبیه قطرات باران هستند
تنها به دنیا می آیند
و تنها از زمین می روند
رودخانه
دریا
اقیانوس
این ها فقط
شکل های مختلفی از تنهایی هستند
و ما چقدر شبیه ایم به آفتاب مرداد

Don't wait for anybody to free you from loneliness
People are like raindrops
Falling down to earth alone
And leaving earth alone
The river
The sea
The ocean
Are only different forms of loneliness
And we are the same
As the July sun

به موهایت گل زده‌ای که اندوه‌شان را بپوشانی؟

دستم روی دست دیگرم مانده
دلم به طغیان باد خوش است
به شیهه مانده در گلوی اسب‌ها

می‌گویی:
چیزی نمانده
می گویم:
از زیبایی؟
می‌خندی
و سرم را
به نوازش دو خرگوش سپید
دعوت می‌کنی

Have you adorned your hair with flowers
To cover their sorrow?

My hand rests on my other hand,
My heart rejoices at the stormy wind,
At the whinny echoing in the throats of horses.
You say, *There's nothing left.*
I say, Of beauty?
You laugh
And invite my head
To caress two white rabbits.

خاک بوی مرگ می دهد ۲۶
آب اما 26
طعم زندگی دارد
من رودخانه ای هستم
که برای تو ماند
حالا بگذار نامم را مرداب بگذارند
تو نیلوفر باش

Soil smells like death
But water tastes like life
I am a river that remained for you
Let them call me a marsh
You are now the waterlily

٢٧ صدای خنده ای تو
27 افتادن تکه های یخ است
در لیوان بهار نارنج
بخند
می خواهم گلویی تازه کنم

Your laughter
Falls like ice cubes
Into a glass of orange spring

Laugh again
I want to refresh my throat

۲۸ تو
28 تابلویی زینتی بودی
من
روزنامه ای که دور آن پیچید
و زمانه
دست های مردی ثروتمند

You were a decorative painting
I was a newspaper wrapped around you
And fortune was a rich man’s hand

۲۹
29

بگو دوستت دارم
تا این جمله با ما به زیر خاک بیاید
این بار درختی شویم
که برگ هایش موهای تو باشد
شاخه هایش انگشتان من
بگو دوستت دارم
تا فردا همه باور کنند
آواز دو پرنده که در قلب درختی می خوانند
چیزی جز دوستت دارم نیست

Tell me I love you

And let this sentence come with us under the soil

This time

We will be a tree of ginger
And its leaves will be your hair
Tell me I love you
Let people believe that tomorrow
The song of two birds is the heart of a tree
Tell me I love you

۳۰ دستانم را باز می کنم
30 آنقدر که نزدیک خانه شما
مزرعه ای سبز شود
پدرت به من افتخار کند که کلاغ ها دور می کنم
مادرت از سر لطف برایم کلاه حصیری بسازد
و من به روزی فکر کنم
که تو در آغوشم بگیری

I would open my hands to you

On the farm near your house

Your father would be proud of me

Since I would keep crows away

Your mother would knit me a straw hat as a favour

And I would dream of the day
I could finally hold you

۳۱ رسیدنت را
31 برای ماندنت می خواهم
انگور شیرین است
اما شراب چیز دیگریست

I want you to come so you can stay
Grapes are sweet
But wine is something else

ابراهیم پسرش را
نوح پسرش را
یعقوب پسرش را
پروردگارا
تو رسولانت را
با پسرانشان آزمودی
ما سرزمین مان را
با دخترامان

Ebrahim with his son

Noah with his son

Jacob with his son

Oh my God

You tested your prophets with their sons

And my homeland with its daughters

۳۳ می رقصی
33 با دامن آبی کوتاهت
پرواز دو قوی سپید
در آسمان دیدنیست

Dance with your short blue skirt
As the flight of two white swans
Spectacular in the sky

۳۴ عجیب نیست

34 در آوردن خرگوش یا کبوتر
از کلاه یک شعبده باز
وقتی تو
از لای موهایت
بهار را بیرون می آوری

It doesn't seem strange

That a rabbit or a bird can come out of a magician's hat

When I have plucked spring
From your hair

خانه ام را ۳۵
به خاطر پنجره اش دوست دارم 35
پنجره را به خاطر ماه
و ماه را
به خاطر تو

I love my house because of its window
Its window because of the moon
And the moon because of you

۳۶ به تو خیره شدم
36 چون برف به خورشید
چشمه ای جوشید
درختی جوانه زد
پرنده ای خواند

I stared at you

Like snow at the sun

I stared at you
and

A spring boiled

A tree grew

A bird sang a song

٣٧ من آن دانه گندمم
37 سبز اگر نشوم در راهت
در کوره می روم
و به دهانت می رسم

I am a wheat seed

I will grow to the sky
I will go to the oven

I will reach for your mouth

ما دو شمع بودیم در یک بسته ۳۸
تو از جشن تولدی سر آوردی 38
و با آرزویی
از سوختن نجات یافتی
من را به قبرستان بردند
و هرچه بر سرم اشک ریختند
خاموش نشدم

We were both candles in a box

You ended up at a birthday party

Saved from melting with a wish

I ended up in a cemetery
Burning on a grave

۳۹ بازی شروع می شود
39 خون های ریخته به آسمان می روند
پارچه ای سرخ
دست خدا می رسد
و زمین می چرخد روی شاخ گاوی

The game starts

Spilled blood is taken up to the sky by the sun

A red sheet

Gets to God's hand

The earth is turning on a cow's horn

روی موج خون تنظیم شده
رادیو تاکسی
بعد از انفجاری انتحاری
از دکه‌ای روزنامه می‌خرم
با تیتر اولش خاک و دود را به خانه می‌آورم
شب در خانه ی اجاره‌ای‌ام نشسته‌ام
تلویزیون جنازه‌ی دختران افغان را به خانهام آورده
من یک کارمند ساده‌ام
آخر برج است
و دیگر پولی برای ادامه ی جنگ ندارم

Tuned to the blood wave

The taxi radio

After a suicide bomber

I’m getting a newspaper

From a newspaper stall

Taking home soil and smoke

I’m sitting in a rented house

At night

My television brings Afghani girls
And corpses to my home

It’s the end of the month

I am a clerk

I have no money to continue the war

۴۱ این تن
41 تنها با پیراهنم سخن گفته
و این پیراهن
تنها با معجزه ی انگشتان تو
دهان می گشاید

My body talks with my shirt
And my shirt opens its mouth
Through the miracle of your fingers

۴۲ می جنگند
42 گاهی برای خاک
گاهی برای مذهب
من برای تو می جنگم
عشق
چیزی فراتر از این هاست

زنبورهای نگهبان
مرا بیشتر می فهمند
می فهمند جای خالی ملکه
چگونه یک کندو را آواره خواهد کرد

They fight
Sometimes for their land
Sometimes for their religion
I fight for you
My love
Is beyond all this

The guardian bees
Understand me more
They comprehend how the absence of the queen
Will uproot a hive

۴۳ خورشید رفته
43 جایش را
دلهایی که میسوزند گرفته
و شب دزدیده آواز خروس را از صبح
حالا « روز» میخوابد
« تاریکی» کار میکند
و آبی تر شده این دایره
تا بیشتر به چشم بیاید اشکهایش
روشن میکنم تلویزیون را
آخرین قسمت
از آخرین مستند :
خرگوشی در سفیدیاش میدود
میدود
میدود
میدود
تمام میشود
سر از آب بیرون آوردهاند
ماهیان گرسنه تا
آرام
آرام
آب شود
آخرین قطعه یخ
زیر پای خرس قطبی

The sun has gone

A burning heat has taken its place

The morning rooster's song has been stolen by night

Now

Days are sleeping

Darkness is working

This circle is getting bluer
To make my eyes cry
I turn on the television
See the last episode of a documentary

A rabbit running

In its whiteness

Hungry fish

Taking their heads out of water

The last piece of an iceberg

Melting under the feet of a polar bear

راه افتاده ایم با قطب نمایی که عقربه اش شکسته
راه افتاده ایم
و مثل اسبی که سوارش تیر خورده
در دشتی از دلتنگی یورتمه میرویم

فصل ها تکرار میشوند
ما تکراری
و فراموش شدهاند بیشتر درسها

از جغرافی
آب و هوای سرد و خشکش مانده
از تاریخ
ترس حمله ی مغولها
و از فارسی
سنگی بر سر در ملتها
که زمانی بر سینه میزدیم و حالا داغی شده

گوهرها رفته اند
پیکرها مانده

ما کاج هایی هستیم که فصل ها را از یاد بردهاند
و فصل ها آنها را
خسته ،منتظر دستی که با تبر به یاری مان بشتابد

We are departing with a compass whose needle is broken
We are departing like a horse whose rider was shot
Trotting in a gloomy plain
The seasons are repeated
We are repeated
Most lessons have been forgotten
From geography
Cold and dry weather
From history
The fear of Mongolian attack
Germs have gone
Bodies have remained
We are the pines
Forgetting the seasons
As the seasons forget us
Tired and waiting for a hand
Rushing to help us with an axe

همه شنیده اند
داستان تکراری موج و ساحل را
من آن پانویسم
آن ماهی افتاده بیرون از دریا

Everyone has heard the story of the waves and the coast
But I am the postscript
I am the fish out of water

۴۶ آمدی
46 جوانه زد
ماندی
شکوفه داد
بروی
ترک برمی دارد دل این انار

You came
It sprouted

You stayed
It bloomed

If you leave
It will crack

My pomegranate heart

گفتم : بگو پرنده
گفت: قفس
گفتم : پرنده
گفت : قفس
بی فایده بود
پرنده را در سرش کشته بودند

I said, *tell a bird*

You said, *a cage*

I said, *tell a bird*

You said, *a cage*

It was useless

She killed the bird in her mind

تکان خورده ایم ۴۸

ما بارها تکان خورده ایم 48
و هر بار در وعده هایی کال چیده شدیم
باید ماند
باید رسید
باید به شاخه هایی که به خورشید نزدیک اند اندیشید

We have shaken

We have shaken many times

And each time

We have been picked up by empty promises

We have to stay

We have to reach

We have to think about

The branches closest to the sun

۴۹ کاش باد بودم
49 با آمدنت نسیم
با رفتنت
طوفان می شدم
عاشقم
آمدن و رفتنت
هردو دلتنگم می کند

I wish I was wind
I could be the breeze as you come

And the storm as you go
But I am in love

Your coming and going

Make me homesick

با من قایم باشک بازی می کند
گاهی پشت گلدان ها
گاهی لابه لای کتاب ها
گاهی در چشم های زنم

هرلحظه
تنهایی
مرا پیدا می کند
من
تنهایی را

Play hide and seek with me

Sometimes behind the flowerpot

Sometimes between my books

Sometimes in my wife's eyes

Every moment

Loneliness finds me

And I find it

۵۱ من گنجشکی تنها بودم
51 تو پنجره ای باز
حالا که راهم داده ای
دیگر رویت را برنگردان

I was a sparrow

You were an open window

You let me enter
Don't turn your face away anymore

دراز کشیده ایم در این وان آب گرم
آه چقدر جان می دهد برای جان دادن
سر رسیدی
و رگ این خیال را زدی
تیغ هنوز در دست های توست
و من
نهنگی که باز می گردد به دریا

I am lying down in a hot tub

Oh this is great way to die

You come and cut the imagined vein

Still the razor is in your hand

I am a whale going back to the sea

دوباره از کله ی سیاست مداران باد می وزد
مردان به رنگ خاک در می آیند
زنان به خاکستر می نشینند
و پارچه های سفید رنگ می بازند
از سرخی گلوی کودکان

دوباره دوربین ها می چرخد
زمین سرگیجه می گیرد
و CNNبالا می آورد
آمار کشته ها را

این شعر را گوشه ای می گذارم
شاید روزی
باد مخالفی در آن بوزد

Again wind is blowing from politicians' heads
Men are the colour of soil

Women are sitting on the ashes

And white sheets are losing their color

Because of children's blood
Again CNN is puking the numbers of people killed

I put this poem in a corner

And hope it is carried away on a wind

۵۴ اگر شبنم
54 اشک مهتاب باشد
تا صبح نیامده
دلتنگم خواهی شد

54 If dew is the moonlight’s tears
۵۴ You will miss me before sunrise

بلبلی می خواند
بر شاخه ای نامعلوم
تا بیایی پیداش کنی
گریخته است
پناه می برم به ناامیدی
و بدل می شوم به درخت

A nightingale is singing on an unknown branch

It flies away as soon as you arrive

I take refuge in despair

And turn into a tree

با چشمی خالی به دیدارت آمدم
دره ای بودم
که مه حرفش را مکدر کرده بود
گیاهَی نامکشوف
که تنهایی برگ هایش تلخ
و رنج
ساقه هایش را سمت خاک بازگرداند

تو باد و باران توامان بودی
تو را دیدم
و گریه نجاتم داد

I was coming to meet you with an empty look
I was a valley
And my words were gloomy with fog
I was an unknown plant
Whose leaves had become bitter with loneliness
Suffering took my stems back to the soil
You were wind and rain
When I saw you
Your crying saved me

می‌لرزند شانه‌ها
وقت خندیدن
گریستن
ترسیدن
ترس اما
می‌پرد
از شانه‌ای
بر
شانه‌ای دیگر
ببین چگونه می‌لرزد
درختی
با شلیک گلوله‌ای
و درختان دورتر
با نشستن ترس پرنده‌ها
بر شاخه‌ها

Shoulders shake
When laughing
Crying
Frightening
Fear
Jumps from one shoulder to the other
Look how shaken a tree with a gun shot is
And the farther trees
With a fear of birds sitting on them

۵۸ مرگ که می‌آید
58 هر بار
سنگینی سایه‌اش را
بر خاک ما جا می‌گذارد
و سبک‌بالی‌اش
سوی سرزمین‌های دورتر پر می‌کشد
ما
از هم‌خوابگی درد و رنج زاده شده‌ایم
و همچون شاخه گلی مصنوعی در لیوانی آب
افتاده‌ایم در زندگی
اگر رنج در انسان پوست می‌ترکاند
درد از خاک می‌روید
آه ای خاک
ای نگین سرخ
که بر رکابی آبی نشسته‌ای
کدام دست تو را از ما ربود؟
کی قطع خواهد شد

When death comes
It leaves the heaviness of its shadow
On our soil
And its lightness
Sours farther places
We
Were born through pain and we suffer sexuality
And like an artificial flower in a pot
Fall into life
If suffering skin cracks in human
Pain grows from soil
Oh soil
A red gem
Sitting on a blue stirrup
Whose hand grabbed you from us
When it will be cut
That finger will point to destruction

چنان کوری
که دست می‌ساید بر زمین
و عینک سیاهش را می‌جوید
می‌جوییم در تاریکی
بیهودگی را
انسان
چشم دیدن انسان را نداشت
دست به دامن آسمان شد
چرخید در خیال سیب
سبز شد در خیال گندم
و غلتید در خون برادرش

من از دست‌هایی
که به آسمان بلند می‌شوند
دست‌هایی که بر زمین می‌سایند می‌ترسم
دست‌های تو
چیزی مابین زمین و آسمان است
چیزی مابین خدا و انسان
و من سرگردان
بین این‌وآن

جز عشق
چه چیز را می‌توان
در تلخی این جهان حل کرد؟

Like a blind man
Rubbing his hand over the soil
To find his black glasses
I rub darkness
To find futility
A human could not tolerate anything else
Gets help from the sky
Turns into an apple dream
Turns green in the wheat dream
And rolls over his brother's blood
I am afraid of the hands reaching for the sky
And the hands
Rubbing the earth
Your hands
Are something between
God and human
And I wander between this and that
Besides love
What else can you solve in this world of bitterness?

About the Author

Mohsen Hosseinkhani was born in Iran in 1988. He began reciting poems professionally in cultural institutes in 2007. To date, he has had nine poetry collections in free verse published as follows:

- *Take back my childhood*, Eghlima publication 2010
- *These small romances one day grow*, Eghlima publication 2011
- *Rain never stops after you*, Fahva publication 2014
- *The earth eclipse*, Nimaj – Maya publication 2015
- *Just death lives*, Fasal Panjum publication in 2017
- *Orange spring*, Eiham publication 2021
- *Trotting in a gloomy plain*, Morvarid publication second edition 2021
- *The mountain does not take back my voice*, Morvarid publication 2023, *guardian of the moon* Sib Sorkh publication 2024.

The translation of 'Trotting In a gloomy plain' by Tahereh Forsat Safai was published by *aline buddha* in the U.S.A. 2014.

The translation of 'Give back my childhood' by Marian Halabchei was published by *Dibache* in 2024.

The translation of the collection *Pines without seasons*, translated by Mojtaba Nahani, was published by *Alan*, Turkiyeh, in 2024. It was nominated by Glavej Festival and *Shine Magazine America*.

Hosseinkhani's poetry has been translated into Arabic, Turkish, and Kurdish by distinguished translators and published in authentic magazines. He describes his poetry as simple but lively, full of imagery and nostalgia.

About the Translator

Tahereh Forsat Safai, born in 1961 in Iran, holds a Ph.D. in Translation of English Language and Literature from the University of Manchester. To date, she has translated three books, including this one. In addition to her work as a translator, she is also a poet and a short story writer.

Safai has lived in England for approximately 15 years and currently resides in Kermanshah, Iran.

Her translated Works include:

- *Follow Your Heart* by Andour Mathew, published by Mas Publishing in 2014
- *Melodies for Enduring the World* by Mohsen Hosseinkhani, published by Blue Cactus Press in 2025
- *Trotting In A Gloomy Plain* by Mohsen Hosseinkhani, 2024